Come chicco di grano

UN RICORDO DI MONS. LUIGI PADOVESE
ASSASSINATO IN TURCHIA

edizioni
terra santa

Progetto grafico: Elisa Agazzi

Proprietà letteraria riservata
Edizioni Terra Santa s.r.l. - Milano

Per informazioni sulle opere pubblicate
e in programma rivolgersi a:

Edizioni Terra Santa
Via G. Gherardini 5 - 20145 Milano (Italy)
tel.: +39 02 34592679 fax: +39 02 31801980
www.edizioniterrasanta.it
e-mail: editrice@edizioniterrasanta.it

Finito di stampare nel settembre 2010
da Corpo 16 s.n.c. - Bari
per conto di Edizioni Terra Santa s.r.l.
ISBN 978-88-6240-098-5

Introduzione

Ancora oggi, a distanza di tempo, siamo sgomenti nel ripensare alla morte del nostro confratello mons. Luigi Padovese, Vicario apostolico dell'Anatolia, assassinato a Iskenderun il 3 giugno 2010. La modalità della sua scomparsa non finisce di turbarci. Ma il ricordo del bene da lui fatto e il saperlo ora nelle braccia del Padre ci consola.

Mons. Padovese era un uomo di grande spessore intellettuale e di grandissima cultura. Era però rimasto un uomo semplice, alla mano, un umile frate figlio della Provincia lombarda. Da studioso si è dedicato soprattutto allo studio dei Padri della Chiesa. Da Vescovo si è impegnato ad aiutare i poveri, i sofferenti, i bisognosi. Aveva il dono dell'ascolto e dell'accoglienza; conosceva il modo di parlare alle autorità e agli uomini di cultura, ma sapeva toccare il cuore dei semplici.

Uomo di dialogo, intratteneva ottimi rapporti con le autorità musulmane della regione e coltivava l'amicizia con il Patriarca ecumenico di Costantinopoli Bartolomeo I.

È stato tra gli artefici dell'*Instrumentum Laboris* che il Sinodo per il Medio Oriente ha discusso (Roma, 10-24 ottobre 2010). In occasione della consegna di questo importante documento ai vescovi, durante il viaggio a Cipro nel giugno scorso, il Papa ne ha ricordato la generosa testimonianza al Vangelo e l'impegno risoluto per la riconciliazione tra le Chiese che ha caratterizzato la sua vita sacerdotale.

I Frati minori cappuccini sono grati al Signore per aver dato di godere dell'esempio di vita cristiana e della testimonianza di fede (fino al sangue) di p. Luigi Padovese.

Ricordare la sua figura, mettersi in ascolto del suo insegnamento, camminare insieme a lui sul sentiero del dialogo e della riconciliazione, aiuterà noi tutti (fedeli, sacerdoti, religiose e religiosi) a rendere più limpida ed efficace la nostra testimonianza cristiana.

fra Alessandro Ferrari
Ministro provinciale dei frati cappuccini lombardi

La presenza cappuccina in Turchia

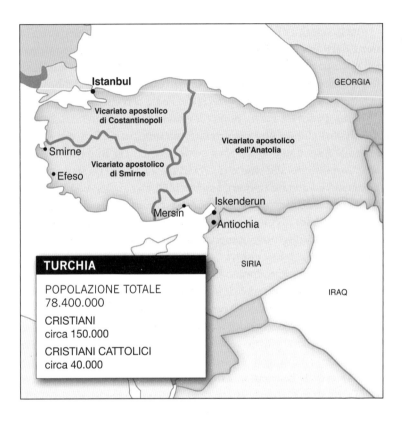

La cartina mostra le sei località presso cui sono presenti i frati minori cappuccini: Istanbul, Bayraklı (presso Smirne), Meryem Ana Evi (presso Efeso), Mersin, Iskenderun e Antiochia.

Testimone disarmato del Vangelo

(ANSA) - ANKARA, 3 Giugno 2010, 15:11 - *È stato ucciso a Iskenderun, in Turchia, il Vicario apostolico dell'Anatolia, monsignor Luigi Padovese, accoltellato in casa. Lo ha confermato all'ANSA il nunzio apostolico in Turchia Antonio Lucibello. Padovese, 63 anni, era stato nominato Vicario apostolico e consacrato a Iskenderun nel 2004. Non si conoscono i motivi del gesto, sicuramente ha aperto la porta a qualcuno che conosceva. Secondo il quotidiano laico Hurriyet, a ucciderlo sarebbe stato il suo autista.*

(SIR) - ROMA, 3 Giugno 2010, 15:51 - *«Un fatto orribile, incredibile, siamo costernati» ha detto padre Federico Lombardi, portavoce vaticano saputa la notizia. «Ciò che è accaduto è terribile pensando anche ad altri fatti di sangue in Turchia come l'omicidio alcuni anni fa di don Santoro. Preghiamo perché il Signore lo ricompensi del suo grande servizio per la chiesa e perché i cristiani non si scoraggino e, seguendo la sua testimonianza così forte, continuino a professare la loro fede nella regione». mons. Padovese avrebbe dovuto partecipare da domani alla visita del Papa a Cipro e ricevere l'Instrumentum laboris del prossimo Sinodo per il Medio Oriente.*

(ANSA) - ANKARA, 4 Giugno 2010 - *Murat Altun, 26 anni, l'autista turco che ieri ha ucciso a coltellate il Vicario apostolico in Turchia, monsignor Luigi Padovese, è stato portato stamani davanti ad un giudice del tribunale di Iskenderun, città portuale sulla costa sud del Paese, per essere formalmente incriminato. Lo ha riferito l'emittente privata Ntv. Come riferisce il quotidiano Milliyet, l'uomo - che da oltre quattro anni era stato al servizio dell'alto prelato come autista ed uomo di fiducia - avrebbe detto alla polizia di aver ucciso monsignor Padovese «dopo aver ricevuto una rivelazione da Dio». I familiari dell'uomo, dal canto loro, avrebbero confermato che da tempo il loro congiunto soffriva di una forte depressione.*

* * *

«Gesù ci ha detto di non avere paura di nulla. Solo di una cosa bisogna avere paura: di non essere cristiani, di essere, come diceva Gesù, un "sale senza sapore", una luce spenta o un lievito senza vita. I cristiani per secoli hanno affrontato i pericoli del mondo senza paura, e il mondo è cambiato. Poi hanno cominciato ad aver paura e hanno impugnato la spada con cui Pietro tagliò l'orecchio alla guardia venuta per catturare Gesù. Che rispose così a Pietro: "Rimetti la spada nel fodero, perché tutti quelli che mettono mano alla spada periranno di spada". E aggiunse: "Pensi che io non potrei pregare il Padre mio, che subito mi darebbe più di dodici legioni di angeli?". San Giovanni Crisostomo nel IV secolo qui in Turchia diceva: "Il Cristo pasce agnelli. Finché saremo agnelli vinceremo, quando diventeremo lupi perderemo"».

Così scriveva don Andrea Santoro dalla Turchia il 30 aprile 2003. Ucciso con due colpi di pistola alle spalle nel pomeriggio di domenica 5 febbraio 2006, mentre si trovava in chiesa con il suo aiutante turco da un giovane di 16 anni, Ouzhan Akdil, il sacerdote romano era spesso indicato da mons. Luigi Padovese come esemplare testimone del Vangelo. Un modello da seguire per essere appunto «sale che dà sapore».

«Particolarmente oggi, in epoca di pluralismo - aveva spiegato il Vicario apostolico dell'Anatolia in un simposio tenutosi a Venezia l'11 ottobre 2009 - va ravvivata la consapevolezza che la testimonianza fonda e precede l'annuncio, anzi è il primo annuncio. È sempre vero che il primo passo nel diventare cristiani si fonda nell'incontro di uomini che vivono da cristiani convinti. Ci conforta in questa convinzione il metodo missionario che Francesco d'Assisi consigliava ai suoi frati "che non facciano liti e dispute... e confessino d'essere cristiani". È in sintonia con questo modo di sentire quanto leggiamo nell'*Evangelii nuntiandi* dove si parla della testimonianza senza parole che suscita domande in quanti vedono. Già questa - leggiamo - "è una proclamazione silenziosa ma molto forte ed efficace della buona novella... un gesto iniziale di evangelizzazione". Questo modo di essere testimoni silenziosi è stato quello scelto da don Andrea Santoro, il mio sacerdote ucciso il 5 febbraio 2006 a Trebisonda. Quando la mattina successiva all'assassinio mi sono recato all'obitorio per vedere il cadavere la prima impressione, del tutto spontanea, è stata la somiglianza tra il corpo nudo di don Andrea con il capo riverso e il segno del foro al fianco e l'immagine di Cristo morto del Mantegna. Non abbiamo mai saputo chi o cosa abbia indotto il giovane assassino a questo atto di violenza. Dal processo è emersa la sua colpevolezza, ma delle connessioni, delle influenze, del clima di odio che ha determinato l'assassinio nulla sappiamo e, credo, non lo sapremo mai. Don Andrea era venuto in Turchia affascinato da questa terra, dal suo passato, dal desiderio di essere un ponte tra islam e cristianesimo, ma pure tra Oriente ed Occidente. La piccola rivista che aveva creato con amici di Roma portava il titolo "Finestra sull'Oriente". Ora questa finestra - grazie al suo martirio - s'è spalancata, e attraverso di essa la nostra situazione, prima conosciuta a pochi, ora è divenuta nota a molti. Con il sacrificio della sua vita don Andrea ha fatto veramente da ponte attraverso una testimonianza fatta di non molte parole, ma di una vita semplice, vissuta con fede».

Fa impressione e sinceramente commuove leggere queste parole, che prefigurano tragicamente il martirio che è toccato anche a mons. Luigi Padovese, il cui corpo è stato straziato e oltraggiato dal suo assassino, come agnello sbranato dai lupi, nel pomeriggio del 3 giugno, festa del Corpus Domini, nella sua casa vescovile di Iskenderun, l'antica Alessandretta, a poche ore dall'inizio della visita del Papa nella vicina Cipro (l'isola occupata nella sua parte orientale nel 1974 proprio dalla Turchia). Anche padre Luigi, coma amava farsi chiamare, era animato dalle stesse intenzioni che hanno ispirato la vita di don Santoro: essere testimone disarmato del Vangelo, ponte di dialogo tra islam e cristianesimo, una finestra spalancata sull'Oriente cristiano. Anche mons. Padovese era affascinato e amava profondamente la Turchia, per la quale non si è risparmiato e ha donato la sua vita.

Circa l'orribile dinamica e le cause dell'assassinio, pochi giorni dopo il fatto, *la Stampa* annotava: «Si aggiungono nuovi particolari alla vicenda dell'assassinio e alla presunta "insanità" dell'uccisore. I medici che hanno effettuato l'autopsia hanno rilevato che mons. Padovese presentava coltellate in tutto il corpo, ma soprattutto dalla parte del cuore (almeno 8). La testa era quasi completamente staccata dal tronco, attaccata al corpo solo con la pelle della parte posteriore del collo. Anche la dinamica dell'uccisione è più chiara: il vescovo è stato accoltellato in casa. Egli è riuscito ad avere la forza di andare fuori, sulla soglia della casa, sanguinante e gridando aiuto e là avrebbe trovato la morte. Forse solo quando egli è caduto a terra, qualcuno gli ha tagliato la testa. Testimoni affermano di aver sentito il vescovo gridare aiuto. Ma ancora più importante, è che essi hanno sentito le urla di Murat Altun subito dopo l'assassinio. Secondo queste fonti, egli è salito sul tetto della casa e ha gridato: "Ho ammazzato il grande satana! Allah Akbar!"».

La notizia dell'uccisione cruenta di mons. Padovese ha destato grande impressione in tutto il mondo. Il Papa, in viaggio per Cipro (dove Padovese avrebbe dovuto essere presente per ricevere con gli altri vescovi del Medio Oriente l'*Instrumentum Laboris*, cioè la traccia di discussione del Sinodo dei vescovi per il Medio Oriente, alla cui stesura aveva attivamente collaborato) ha tenuto a sottolineare che l'assassinio «non può essere attribuito alla Turchia e ai turchi, e non deve oscurare il dialogo» ... Ma inevitabilmente un clima di tristezza ha accompagnato tutta la visita del Papa nell'isola. E il ricordo dolente del vescovo assassinato è tornato con insistenza, a più riprese, nelle parole del Papa. «Ritengo doveroso fare memoria del defunto Vescovo Luigi Padovese - ha detto Benedetto XVI il 6 giugno durante la celebrazione eucaristica presso il Palazzo dello Sport Elefteria di Nicosia - che come Presidente della Conferenza Episcopale Turca, ha contribuito alla preparazione dell'*Instrumentum Laboris*, che oggi vi consegno. La notizia della sua morte improvvisa e tragica, avvenuta giovedì, ha sorpreso e colpito tutti noi. Affido la sua anima alla misericordia di Dio onnipotente, ricordando quanto egli si impegnò, specialmente come Vescovo, per la mutua comprensione in ambito interreligioso e culturale e per il dialogo tra le Chiese. La sua morte è un lucido richiamo alla vocazione che tutti i cristiani condividono ad essere, in ogni circostanza, testimoni coraggiosi di tutto ciò che è buono, nobile e giusto».

Ma chi era mons. Luigi Padovese? E quale spiegazione possiamo tentare dell'assassinio subito per mano del suo autista "stranamente" impazzito? Intanto era un uomo profondamente buono, un francescano mite e innamorato di Gesù. «Il Vescovo Luigi Padovese è stato definito "una persona perbene", e tale era in realtà - ḥa ricordato il confratello cappuccino mons. Ruggero Franceschini, arcivescovo di Smirne, durante l'omelia del funerale celebrato a Iskenderun il 7 giugno -. Profondamente impegnato negli studi riguardanti la prima Chiesa, in particolare il periodo patristico; conosceva perfettamente ed amava con passione questi luoghi, dove la Chiesa ha mosso i primi passi, celebrato i primi concili, e dove si è data una prima determinante struttura teologica. Ben più della terra amava questo popolo. In spirito di collaborazione con le autorità locali, ancora il giorno prima di morire si era incontrato con loro per parlare delle minoranze religiose (di nazionalità turca) e per trovare modi di collaborazione per il bene comune».

Nato a Milano nel 1947, padre Luigi aveva insegnato patristica e teologia a Roma alla Pontificia Università Gregoriana, alla Pontificia

Accademia Alfonsianum e alla Pontificia Università Antonianum. Autore di numerose pubblicazioni (ricordiamo *Agostino di Ippona. Sermoni per i tempi liturgici,* Paoline 1994; *Il problema della politica nelle prima comunità cristiane,* Piemme 1998; *Cercatori di Dio: sulle tracce dell'ascetismo pagano, ebraico e cristiano dei primi secoli,* Mondadori 2002; *La Chiesa che ti è affidata. La missione pastorale in un mondo che cambia,* EDB 2005), è stato curatore anche dei XXII volumi *Turchia: la Chiesa e la sua storia,* che raccolgono gli atti dei simposi paolini tenutisi a Tarso e dei simposi giovannei tenutisi a Efeso.

Delegato della Congregazione per le Chiese orientali preso i collegi orientali di formazione e consultore della Congregazione per la cause dei santi, mons. Padovese era stato nominato Vicario apostolico dell'Anatolia da Giovanni Paolo II l'11 ottobre 2004 e il 7 novembre aveva preso possesso della sede episcopale nella cattedrale di Iskenderun.

Una sintetica descrizione della situazione della Chiesa d'Anatolia la cogliamo dalle parole stesse di mons. Padovese: «Il vicariato d'Anatolia con i suoi 480 mila chilometri quadrati abbraccia zone di antica presenza cristiana quali il Ponto, parte dell'Armenia, la Cappadocia, la Cilicia, parte della Galazia, Pisidia, parte dell'antica Siria e tutto l'est fino ai confini con la Georgia, l'Armenia, l'Iran, l'Iraq e la Siria. I fedeli cattolici sono concentrati perlopiù al sud. Oltre alle due parrocchie del Mar Nero (Trabzon e Samsum) la nostra presenza è in Cappadocia, con due case di preghiera, la prima delle quali, ad Avanos, chiusa per un processo giustamente perso perché non sempre - anche da parte nostra - s'è rispettato il diritto, e un'altra casa ad Uçisar sempre sotto processo per una flagrante violazione del diritto da parte di un vicino di casa con la connivenza dell'ex sindaco. Altre parrocchie sono a Mersin, Adana, Iskenderun ed Antiochia, le prime tre anche con un processo in corso. A Tarso vivono, in una casa in affitto, tre suore che accolgono i pellegrini nell'unica chiesa che è museo e per il cui ingresso si deve pagare. Anche la Grotta di San Pietro in Antiochia, pur appartenendo alla Santa Sede, è considerata museo e, quantunque si debba pagare l'ingresso, è possibile celebrare l'eucarestia. Un'altra casa presa in affitto ma temporaneamente vuota, si trova a Sanliurfa, l'antica Edessa, nelle vicinanze di Harran. Infine sul lago Van risiede una famiglia italiana, a disposizione del vicariato, che pratica il "dialogo della vita" convivendo con i musulmani, in particolare con quelli di etnia curda, che costituiscono la stragrande maggioranza, ma pure con i profughi iraniani e con la minoranza cristiana. Merita ricordare che sino al 1912-1915 queste terre dell'est erano abitate da milioni di cristiani armeni, georgiani, e poco più ad ovest, siro-cattolici e siro-ortodossi. Rimane in queste zone una notevole quantità di chiese armene e georgiane, alcune in buono stato di conservazione, ma ormai prive di comunità e di sacerdoti».

Una condizione di estrema minoranza, di fragilità, quasi di impotenza, che spinge padre Luigi a interrogarsi sul senso della sua presenza e sulle prospettive della missione nel Paese: «Personalmente - spiegava - ho individuato alcuni significativi ambiti di azione. A parte l'impegno di tutelare i diritti delle comunità cattoliche, credo che un dialogo con il mondo culturale turco sia un fruttuoso campo di lavoro. A questo proposito già da diversi anni, in qualità di preside della Pontificia Università Antonianum di Roma, ho organizzato dei simposi su san Giovanni e su san Paolo, rispettivamente ad Efeso e a Tarso con la presenza di professori turchi. Da un paio di anni questi incontri sono svolti in collaborazione con l'università Mustafa Kemal di Antiochia. Un altro ambito di lavoro riguarda i rapporti con il mondo ortodosso. Particolarmente al sud dove mi trovo, i rapporti tra le Chiese vanno oltre la cordialità formale. In una realtà complessa dove cristiani ortodossi, cattolici, armeni, melchiti, maroniti, caldei e siro-ortodossi si sposano tra di loro, non ha senso mantenere steccati di separazione. A chi m'ha detto che la Chiesa latina deve evitare di fare proselitismo tra i non cattolici, ho detto e ripetuto che la nostra vuole essere un'opera di supplenza e di aiuto, non di conquista».

E proseguiva: «C'è inoltre un altro ambito di lavoro che ho individuato nei primi mesi della mia permanenza in Turchia e riguarda quelle famiglie passate all'islam nel secolo scorso non per convinzione, ma per sfuggire a vessazioni e a discriminazioni. La memoria dell'originaria appartenenza cristiana ha fatto sì che alcuni i cui nonni erano cristiani, siano divenuti catecumeni e siano stati battezzati. Tenendo presente che all'est e al nord della Turchia i criptocristiani sono ancora migliaia, sono convinto che il cambiamento sociale e politico in atto, per quanto lento, possa produrre un ritorno alla fede dei padri».

Concludeva: «Complessivamente non sono pessimista nei confronti della presenza cristiana in Turchia. Certo occorre aiutare i cristiani locali ad uscire dall'anonimato o dall'indifferenza nella quale la situazione passata li ha relegati. La mia impressione è che, al presente, i soli vescovi e sacerdoti - quando non sono rassegnati - siano portatori del nome cristiano. Sulla base della mia esperienza di questo tempo, posso dire che se si ama questo paese e lo si mostra, tante porte si spalancano».

Tra gli eventi più delicati vissuti da mons. Padovese durante il suo servizio episcopale vi è, nel 2006, la visita di Benedetto XVI in Turchia (28-30 novembre), un evento atteso con grande trepidazione dalla Chiesa cattolica locale e dai cristiani di tutto il Paese. Il Papa giunge nel Paese su invito del patriarca ecumenico di Costantinopoli, Bartolomeo I, e del governo di Ankara in un clima di grande preoccupazione e tensione. I temi della discriminazione in atto verso la Chiesa cattolica, della libertà religiosa, della tutela delle minoranze presenti nel Paese, del riconoscimento del massacro dei cristiani armeni (il genocidio perpetrato nel 1915 in Armenia è ancora oggi uno dei tabù della società turca), dei rischi dell'avanzata dell'islam militante e fondamentalista, sono i temi sul tappeto: si tratta di questioni ineludibili per un paese che vede rafforzarsi al suo interno una forte componente anti-cristiana e anti-occidentale, che si nutre della retorica e delle tendenze xenofobe portate avanti, tra gli altri, dal Partito di azione nazionale (i Lupi grigi), che sventola lo spauracchio della perdita delle radici religiose del Paese. E che propugna la necessità di interrompere l'evoluzione democratica in atto per recuperare la «vera anima» della Turchia. Che ovviamente è quella musulmana.

Nell'incontro con il presidente del Direttorato per gli affari religiosi Benedetto XVI mette subito sul tappeto il tema del dialogo vero e costruttivo tra musulmani e cristiani, che prevede l'impegno per il bene comune e presuppone il rispetto della libertà religiosa. «In particolare - dichiara il Santo Padre - possiamo offrire una risposta credibile alla questione che emerge chiaramente dalla società odierna, anche se essa è spesso messa da parte, la questione, cioè, riguardante il significato e lo scopo della vita, per ogni individuo e per l'intera umanità. Siamo chiamati ad operare insieme, così da aiutare la società ad aprirsi al trascendente, riconoscendo a Dio Onnipotente il posto che Gli spetta. Il modo migliore per andare avanti è quello di un dialogo autentico fra cristiani e musulmani, basato sulla verità ed ispirato dal sincero desiderio di conoscerci meglio l'un l'altro, rispettando le differenze e riconoscendo quanto abbiamo in comune. Ciò contemporaneamente porterà ad un autentico rispetto per le scelte responsabili che ogni persona compie, specialmente quelle che attengono ai valori fondamentali e alle personali convinzioni religiose».

Il viaggio è un successo dal punto di vista istituzionale: oltre a ricucire con l'*intellighenzia* dell'islam il rapporto compromesso dal frainteso discorso di Ratisbona del 12 settembre 2006 (con il quale il Papa propone al mondo, anche a quello musulmano, una riflessione sul «corretto uso della ragione»), offre la possibilità al mondo cristiano di comprendere meglio le difficoltà e le sofferenze che le Chiese in Turchia si trovano a vivere.

Scriveva don Santoro: «Andate in tutto il mondo - diceva Gesù - ad annunciare un amore che si è fatto "carne" e "sangue" ed essere noi lo specchio di questo amore. Perché Dio ha solo "figli", anche se diversi per lingua, nazionalità e religione, anche se separati da "distanze" antiche e nuove. Stranieri tra loro, i popoli, le religioni e le culture non lo sono per Lui».

In questo programma missionario sicuramente si riconosceva anche mons. Luigi Padovese, che ha svolto il suo ministero episcopale nella Chiesa dell'Anatolia proprio seguendo questo stile: «Il vero dialogo - rammentava - comporta che il cristiano sia animato dal desiderio di far conoscere e amare Gesù Cristo». Un impegno che padre Luigi ha svolto fino alla fine, donando se stesso, seme che muore proprio per germogliare e dare frutto. Un atteggiamento che stava dettando uno stile anche nella piccola e dispersa Chiesa turca, chiamata a riscoprire il senso della propria vocazione.

In una intervista del 26 maggio 2010 all'agenzia Sir della Conferenza episcopale italiana, mons. Padovese aveva ben spiegato questo "nuovo spirito": «Al Sinodo ci sarà una Chiesa turca rinvigorita e più consapevole della propria fede. Tra i frutti dell'Anno Paolino e dei tanti pellegrinaggi che qui continuano ad arrivare, c'è anche la maggiore consapevolezza dei cristiani locali della preziosità di questi luoghi per la tradizione cristiana. La presenza dei pellegrini ridesta la certezza di vivere in una Terra Santa. Altro effetto positivo riguarda i musulmani. Essi vedono che giungono cristiani che, lungi dal voler sfruttare turisticamente il posto, si mettono in atteggiamento di preghiera e ciò aiuta a superare diffidenze reciproche che si sono accumulate nel passato. Credo che la testimonianza più bella che si possa dare alla Turchia sia quella di vedere uomini e donne che pregano».

Forse proprio questa "nuova consapevolezza", questa testimonianza limpida, iniziava a dare fastidio… E per questa ragione si è voluta stroncare nel sangue la vita di questo uomo che ha speso la sua vita per la Chiesa e per il dialogo tra le fedi.

«Chicco di grano caduto in terra è stata la vita di padre Luigi - ha detto di lui il cardinale Dionigi Tettamanzi nelle solenni esequie che si sono svolte nel duomo di Milano il 14 giugno 2010 - che ha accolto come una chiamata della Provvidenza di Dio il suo ministero di Vescovo di Anatolia. In questa terra turca, che aveva tanto studiato, mons. Padovese ha voluto inserirsi e lasciarsi macerare, amando questo nobile popolo. Chicco di grano si è fatto padre Luigi diventando guida della Chiesa di Anatolia, una Chiesa di minoranza, spesso sofferente e provata. Nella lettera pastorale del 2007 mons. Padovese scriveva alla sua Chiesa: "Posso dirvi che sono felice di essere con voi e ringrazio Dio del privilegio di fare parte della nostra Chiesa di Anatolia. Le difficoltà che ho sperimentato erano forse una prova per vedere se veramente amo questa nostra comunità" (*Siamo successori di Paolo e dei primi cristiani*, 2)».

E ancora: «Chicco di grano, che silenziosamente porta frutto, è stato padre Luigi nei suoi incessanti sforzi di costruire spazi di dialogo e di incontro tra culture, tra religioni, tra gli stessi cristiani. Ogni uomo di buona volontà riconosce in questo Vescovo mite e sapiente un vero costruttore di riconciliazione e di pace, a partire dal rispetto reciproco e dall'accoglienza fraterna. Chicco di grano, infine, padre Luigi lo è stato in quell'ultimo drammatico istante della sua vita, mentre era accanto a un fratello che considerava amico e figlio. Il suo corpo e il suo sangue sono davvero caduti sulla terra di Turchia e, pur nel dolore e nelle lacrime, ci appaiono per quello che sono davvero: non più segni di una vita strappata da violenza insensata e tragica, ma offerta viva di sé che padre Luigi ha vissuto in ogni giorno della sua missione di Vescovo, di amico della pace, di fratello di ogni uomo per amore di Cristo Signore».

La presenza cristiana tra passato e presente

Le origini

Secondo quanto ci narrano gli Atti degli Apostoli, la prima grande diffusione del cristianesimo avviene sulla direttrice Antiochia-Edessa-Damasco. Proprio ad Antiochia, dove trova rifugio una colonia di ellenisti espulsi da Gerusalemme (At 11,19), nasce una delle prime comunità cristiane e prende vita uno dei primi centri di riflessione teologica. Nella ricca Damasco, una delle oasi più fiorenti della Siria antica, quando Paolo si converte al cristianesimo, esisteva già una comunità di giudeo-cristiani. Ugualmente Edessa, l'attuale Sanliurfa turca, venne raggiunta ben presto dall'annuncio evangelico.

Antiochia, sia per la posizione geografica particolarmente felice, sia per le risorse naturali e la fertilità del suolo, alimentata dalle acque del fiume Oronte, fu uno dei più importanti centri d'irradiazione missionaria, base di partenza dei viaggi apostolici di Paolo e Barnaba verso Occidente. Proprio ad Antiochia il cristianesimo cominciò ad affrancarsi dalla sfera del giudaismo, prendendo sempre più consapevolezza della propria identità e della propria missione.

Grazie alle informazioni contenute nelle lettere paoline, apprendiamo che già nei primi decenni dopo la crocifissione di Gesù sono presenti comunità cristiane a Efeso, Colossi, Gerapoli, Laodicea, nella Galazia. Dall'evangelista Giovanni sappiamo delle sette Chiese dell'Asia minore: Efeso, Smirne, Pergamo, Tiatira, Sardi, Filadelfia, Laodicea.

Insomma, in Asia minore e nell'attuale Turchia - un'area abitata da differenti popoli ciascuno con la propria lingua e cultura: lidi, cari, greci, macedoni, galati, persiani - si costituiscono le prime comunità cristiane dalle quali si irradierà l'opera evangelizzatrice in gran parte del mondo allora conosciuto.

Proprio a causa della multiforme presenza di culture e di popoli, con usi e sensibilità proprie, il cristianesimo si trova ben presto di fronte alla sfida di dover precisare e definire i contenuti della fede. Non dimentichiamoci che i primi otto Concili ecumenici della Chiesa si sono tutti svolti nell'odierna Turchia. Attraverso la lotta alle eresie e la definizione delle verità cristologiche, la Chiesa delle origini - proprio dalla Turchia - ha allargato i propri confini ed è divenuta realmente universale.

In seguito, il grande impulso missionario del cristianesimo bizantino - che ci ha lasciato tesori incommensurabili di arte e di fede - ha allargato i confini del mondo conosciuto e ha portato il Vangelo nei Balcani e verso la Russia.

La Chiesa cattolica in Turchia

La storia che abbiamo raccontato - la storia di un Paese che è stato uno dei centri d'irradiazione del cristianesimo ed è stato senza dubbio la culla della Chiesa - sembra essere irrimediabilmente tramontata. Oggi la presenza cristiana è quasi scomparsa, ridotta allo 0,15 per cento della popolazione (circa 150 mila fedeli in totale). Un piccolo gregge distribuito nelle varie confessioni, presente soprattutto nei grandi centri abitati: Istanbul, Smirne, Mersin. Gran parte degli edifici di culto nelle zone rurali, dove i cristiani sono davvero ridotti a pochissime unità, è stata trasformata in moschee, scuole, biblioteche o magazzini agricoli. Per cogliere le dimensioni della tragedia che la Chiesa ha subito nell'ultimo secolo, basta citare un fatto: nella zona del Mar Nero a fine Ottocento c'erano 8 parrocchie affidate ai frati cappuccini (Samsun, Inebolu, Sinope, Varna, Burgas, Costanza, Kerasonda, Erzurum). Oggi sono sopravvissute solo due chiese (Samsun e Trabzon) con una decina di catecumeni e 5/6 cattolici locali. Molti dei cristiani di quella regione sono divenuti musulmani per non essere sottoposti a discriminazioni e soprusi da parte della maggioranza musulmana. La fuga dei cristiani o la loro assimilazione alla religione dominante ha comportato anche un indebolimento delle opere assistenziali e caritative della Chiesa (ospedali, case per anziani, scuole e orfanotrofi).

Oggi la Chiesa cattolica in Turchia (circa 40 mila fedeli in totale) è divisa nelle seguenti circoscrizioni ecclesiastiche di rito latino: l'arcidiocesi di Smirne, il vicariato apostolico di Istanbul, il vicariato apostolico dell'Anatolia. A queste vanno aggiunte le comunità di rito orientale: le arcidiocesi di Istanbul per gli armeni cattolici (con 3.670 fedeli) e di Diarbekir dei caldei (con 5.993 fedeli), e il vicariato apostolico dei siri cattolici (con 2.155 fedeli).

Per capire la situazione di estrema fragilità che la Chiesa cattolica sta vivendo in Turchia occorre fare un passo indietro al 24 luglio 1923, alla firma del Trattato di Losanna sottoscritto tra le grandi potenze europee e la Turchia. Nel documento la nascente repubblica turca si impegna a garantire a tutti gli abitanti della Turchia, senza riguardo a provenienza, nazionalità, lingua, razza o religione, completa tutela della vita e della libertà (art. 38, par. 1). Garantisce «a tutti gli abitanti della Turchia, senza discriminazione per motivi religiosi» uguaglianza davanti alla legge (art. 39, par. 2). Assicura che «quanti in possesso della cittadinanza turca appartenenti alle minoranze non musulmane godono davanti alla legge e nella prassi concreta lo stesso trattamento e la stessa sicurezza degli altri cittadini turchi» (art. 40 par. 1). Si impegna «a garantire completa protezione alle chiese, le sinagoghe, i cimiteri ed altre istituzioni religiose».

Ma cosa accade? Succede che con una interpretazione restrittiva e illegittima del Trattato vengono considerate minoranze «non musulmane» soltanto le comunità armene, bulgare, greche e ebraiche. Le comunità cristiane arabofone, quelle degli uniati, quelle siro-ortodosse, caldee, quelle cattoliche latine - pur presenti in Turchia nel 1923 - non vengono riconosciute. E quindi non godono di personalità giuridica.

Quali sono le conseguenze di questa situazione? Ce lo spiegano le parole dello stesso mons. Luigi Padovese: «Dal momento che davanti all'autorità turca le Chiese come anche gli ordini religiosi e le congregazioni non hanno personalità giuridica, non possono possedere beni, né possono comperare o alienare. Tali beni rimangono tuttavia in possesso degli ordini o Chiese se già esistevano al momento della firma del Trattato di Losanna, ma a condizione che siano registrati a nome di singole persone o di fondazioni private. Se però le persone muoiono le fondazioni cessano la loro attività, o se tali beni non sono utilizzati per il fine per il quale erano originariamente destinati, essi vengono confiscati dal tesoro pubblico.

Poiché le Chiese non godono di personalità giuridica e, quindi, non esistono, neppure possono costruire luoghi di culto e neppure aprire scuole confessionali o seminari per la formazione del proprio clero. Parlando dei seminari, ricordo che nel 1971 le università e le scuole superiori in Turchia sono state nazionalizzate. Questo ha comportato la chiusura dell'Accademia teologica ortodossa di Halki e, più recentemente, del piccolo seminario che i cappuccini avevano aperto a Mersin. I tentativi intrapresi dal patriarca Bartolomeo per fare riaprire l'Accademia si scontrano contro la volontà delle autorità turche di inserirla come una sezione della facoltà teologica (musulmana) dell'Università di Istanbul, con un evidente controllo sugli insegnamenti. Secondo il diritto del lavoro, il personale ecclesiastico straniero in Turchia esercita un'attività dipendente in quanto a servizio delle Chiese, ma se queste non hanno personalità giuridica, neppure possono assumere persone in senso pieno. Questo fatto si riflette sulla concessione dei permessi di soggiorno che vengono concessi generalmente per un anno mentre altri stranieri di Paesi europei ottengono il permesso per tre o cinque anni».

Ancora a proposito del clero: «Occorre precisare - proseguiva - che soltanto i sacerdoti e vescovi di rito latino possono essere stranieri, gli altri devono essere tutti cittadini turchi. Tale deve essere il patriarca ecumenico, eletto dal sinodo di Costantinopoli ma con il beneplacito del governatore della città. Ancor più significativo il caso della Chiesa siro cattolica il cui corepiscopo Yusuf Sag è l'unico ecclesiastico turco di questa Chiesa in Turchia. Qualora venisse meno, non vi sarà successore. A questa situazione circa i diritti delle minoranze cristiane aggiungerei l'atteggiamento ostile di parte della stampa, tesa a creare diffidenza nei confronti dei cristiani. Ricordo al riguardo l'attenzione data dai giornali a presunti scandali sessuali di sacerdoti sia ad Adana che a Samsun. La giustizia ha riconosciuto la falsità delle accuse mosse, eppure non s'è data alle sentenze di assoluzione la stessa considerazione che alle denunce. Va infine notata l'enfasi che i giornali danno al proselitismo cristiano, facendone un fenomeno macroscopico e senza distinguere tra le differenti confessioni cristiane o gruppi che solo lontanamente si richiamano al cristianesimo. Credo che lo spettro del proselitismo sia veicolato più dal bisogno di affermare la propria identità trovando un nemico da combattere che non da una effettiva paura di una "cristianizzazione" della Turchia».

La Santa Sede in questi ultimi anni ha più volte protestato presso il governo turco, condannando gli atti di discriminazione compiuti contro i cattolici e contro le altre minoranze cristiane e chiedendo la piena attuazione del principio di libertà religiosa previsto dalle convenzioni internazionali.

A questo proposito ricordiamo le parole che Giovanni Paolo II rivolse al nuovo ambasciatore della Turchia il 7 dicembre 2001: «In Turchia, i cattolici sono una piccola minoranza. Essi non vedono contraddizione tra l'essere cattolici e l'essere turchi, e attendono [...] di vedere riconosciuto lo stato giuridico della Chiesa. Essi confidano che nella loro patria continueranno a trovare quel rispetto per le minoranze che costituisce "la pietra angolare dell'armonia sociale e l'indicatore della maturità civile raggiunta da un paese e dalle sue istituzioni"».

La presenza cappuccina

La presenza francescana in terra turca risale ai primi anni di fondazione dell'Ordine. La presenza cappuccina data invece 1587, anno in cui la prima spedizione missionaria, formata da quattro religiosi (tra questi san Giuseppe da Leonessa) giunse a Costantinopoli.

Oggi i missionari sono una ventina, presenti in cinque città: Istanbul, Smirne, Efeso, Mersin, Antiochia. Una presenza incisiva che tiene viva la testimonianza evangelica in quest'Asia Minore che, oltre ad essere prolungamento della Terra Santa, ha salvato l'integrità della fede con i propri Concili e ha dato alla Chiesa, tra le altre, la figura dell'evangelista Luca.

Nei pressi di Istanbul, sulle sponde del Mar di Marmara, sorge la stazione missionaria dei frati Cappuccini della provincia di Parma. Venne fondata il 2 novembre 1863, ma nel 1894 un grande terremoto la rese inagibile. Con grandi sforzi venne restaurata e ingrandita più volte per poter ospitare dapprima una scuola e, successivamente, un seminario, che in seguito lasciò il posto al noviziato e allo studentato teologico per coloro che intendevano diventare frati. La parrocchia di Yeşilköy (questo il nome della località) è dedicata a Santo Stefano. In questa chiesa avviene spesso un vero miracolo ecumenico: vi si riuniscono armeni, latini, siro-cattolici, caldei e, nelle grandi solennità, anche armeni ortodossi. Oggi la piccola Fraternità di Yeşilköy è dedita soprattutto all'accoglienza dei pellegrini che ripercorrono i "sentieri degli apostoli", e alla direzione di una Casa in cui si tengono incontri di studio e meeting interreligiosi. Qui si svolge ogni anno un Simposio universitario voluto proprio da mons. Padovese per favorire il dialogo islamo-cristiano. La chiesa parrocchiale è anche a disposizione dei siro-kadim provenienti dall'Est (kadim significa «vecchio». Il termine siro-kadim indica i cristiani siriaci ortodossi della regione di Tur Abdin, area montagnosa del sud-est della Turchia) e che a Istanbul non hanno un proprio luogo di culto. Ogni giorno, ma soprattutto la domenica, Santo Stefano ospita così una vivace comunità che costituisce oggi il 90 per cento dei frequentatori abituali della chiesa.

Meryem Ana Evi, nei pressi di Efeso, è stata scoperta nel 1891. Si tratta di una chiesetta in mezzo al bosco, su una collina denominata Bukbul-dag (colle dell'usignolo). Un'antichissima tradizione ritiene essere il luogo dell'ultimo soggiorno di Maria Vergine, vissuta a Efeso, dove si sarebbe recata al seguito dell'apostolo Giovanni. Oggi è un santuario mariano tra i più famosi e visitati. Ultimo visitatore d'eccezione Papa Benedetto XVI, il 29 novembre 2006.

A Bayraklı (Smirne) sorge la Domus Ordinis (di proprietà dell'Ordine cappuccino) con la chiesa costruita poco prima che il Trattato di Losanna (1923) vietasse la costruzione di nuovi edifici religiosi. Oltre all'attività parrocchiale, i religiosi che vi risiedono assistono i poveri del quartiere, il più antico della città di Smirne.

A Mersin i lavori di costruzione della casa dei padri cappuccini e della chiesa ebbero inizio nel 1892. La chiesa venne costruita da padre Basilio da Barco (un paese vicino e Reggio Emilia) e venne inaugurata nel 1898. La missione di Mersin ha una sua peculiarità: è la missione dei cristiani caldei. Durante la guerra del Golfo, presso la parrocchia ne sono stati ospitati più di duecento fuggiti dall'Iraq. La chiesa, intitolata a Sant'Antonio, è stata consacrata cattedrale nel 1991 ed è sede episcopale del Vicariato Apostolico dell'Anatolia.

La fraternità è composta da tre religiosi che si interessano dell'accoglienza dei giovani in ricerca vocazionale. Tra le attività della parrocchia la catechesi ai bambini di rito cattolico latino e a quelli degli altri riti presenti in parrocchia: maroniti, armeni, caldei, siriaci. Si tratta, in tutto, di 500 persone che non hanno sacerdoti propri e frequentano la chiesa di rito latino. La parrocchia è attiva nelle opere di carità (assistenza alle famiglie bisognose e ai malati) e nell'ecumenismo. Le relazioni con la Chiesa ortodossa locale, anch'essa esigua, sono cordiali.

Antiochia è la città dove i primi discepoli vennero chiamati cristiani. È proprio qui che il Vangelo di Gesù esce dai propri confini geografici e culturali per aprirsi al mondo pagano. Dal porto di Antiochia Paolo salpa per i primi suoi tre viaggi apostolici; Pietro vive qui dal 42 al 48, prima di stabilirsi a Roma. Unico resto di questo glorioso passato di fede è la presenza di una grotta naturale sul fianco occidentale del monte Stauris, a pochi chilometri dalla città, conosciuta come la grotta di San Pietro.

In questo luogo silenzioso ed isolato si riuniva, secondo la tradizione, la prima comunità cristiana con Barnaba, Paolo e Pietro. Si narra che la grotta sorga sul terreno che fu donato dall'evangelista Luca, nativo di Antiochia, alla comunità cristiana. Oggi il luogo in cui i cristiani si riuniscono è la stazione missionaria che sorge nell'antico quartiere ebraico della città. Dal 1995, vicino alla casa dei frati cappuccini, è stata aperta una casa di accoglienza in autogestione per tutti coloro che, singoli o gruppi, vogliono pernottare o soggiornare ad Antiochia.

Iskenderun è stata per 25 anni la missione cappuccina più grande della regione. Presenti dal 1984, anno in cui i carmelitani si ritirarono a causa della scarsità di personale, i frati hanno lasciato la struttura al vicariato dell'Anatolia, che ne ha fatto la sua sede. La Chiesa cattolica di Iskenderun è frequentata da tutte le confessioni cristiane presenti. Si riuniscono insieme, in un'unica famiglia, cristiani di vari riti e confessioni: latini, maroniti, melchiti, siriaci ortodossi ed armeni. Nel 1996 è stato aperto il Centro Biblico Patristico SS. Pietro e Paolo Apostoli, una struttura che si prefigge di favorire e diffondere lo studio e la conoscenza della Bibbia e delle opere dei Padri della Chiesa.

Turchia "terra santa della Chiesa": l'ieri e l'oggi dei cristiani

Testo scritto della conferenza tenuta da mons. Luigi Padovese a Milano in occasione del convegno "Il coraggio della verità", organizzato dai Centri culturali della Diocesi di Milano nel maggio 2008. Uno sguardo sulla Turchia culla della Chiesa e una lucida analisi sulle tensioni in atto nel Paese, sempre più alle prese con un islam intollerante rispetto alle religioni non islamiche.

Ringrazio per l'invito che mi è stato rivolto al vostro incontro. La domanda che nasce spontanea riguarda l'attinenza del mio contributo "Turchia 'terra santa della Chiesa': l'ieri e l'oggi dei cristiani" con il tema generale della libertà, della parresia, della verità.

La risposta non è difficile, se si considera che è proprio in questa terra che s'è sviluppata la grande riflessione cristiana attorno al tema della libertà e della verità. Paolo, originario di Tarso, con la sensibilità propria di un giudeo della diaspora, toccato da Cristo, ha concentrato il suo annuncio attorno al tema della libertà, facendone una parola chiave della sua azione evangelizzatrice.

Giovanni, vissuto e morto nella città di Efeso, ha reso la parola "verità" ed i suoi derivati un termine chiave del suo vangelo.

È però vero che l'accezione cristiana di libertà, come pure quella di verità, proclamata dai due apostoli, non va presa nel significato corrente, ne possiede uno proprio. Così la libertà annunciata dall'apostolo Paolo non indica l'affrancamento da qualsivoglia vincolo o l'autonomia nel disporre di sé e delle proprie cose, ma è dono di Cristo e quindi costitutiva dell'essere cristiano. Pertanto non libertà "da" o "per" ma anzitutto libertà "in". «Liberi in Cristo che ci ha liberati per la libertà», come dichiara in Gal 5,1.

Analogamente la verità proclamata da Gesù ed annunciata da Giovanni non è di tipo cognitivo, bensì esperienziale e consiste nell'accostamento e nella partecipazione - mediata da Cristo - al mistero del Dio-amore. Per dirla succintamente si tratta della «veritas in charitate», della verità che si trova nell'agape divina.

Queste poche considerazioni ci permettono di capire come l'annuncio di Gesù sia filtrato da tramiti umani intelligenti che lo rendono accessibile, nel rispettivo contesto, in un processo di continuità/discontinuità: continuità nel tradurlo all'interno delle diverse istanze del momento e del luogo, discontinuità nel rilevarne la novità. Se dunque l'annuncio paolino della libertà si situa bene all'interno del mondo ellenistico microasiatico, dove l'anelito alla libertà, nelle sue diverse espressioni, è fortemente sentito, è altresì vero che esso vi si differenzia per il nuovo contenuto.

Similmente il contributo che Giovanni offre al tema della verità non può prescindere dalla sua collocazione nella città di Efeso, definita la capitale culturale del primo cristianesimo e dove, in precedenza, hanno trovato cittadinanza le grandi filosofie dell'antichità.

In quanto poi al "coraggio della verità", ossia alla parresia nel testimoniare con franchezza e liberamente la verità cristiana, mi si permetta di ricordare che l'attuale terra di Turchia è stata il luogo in cui, più che altrove, i cristiani hanno versato il loro sangue per la fede in Cristo, ultimo in ordine di tempo don Andrea Santoro.

Per noi cristiani l'attuale Turchia riveste particolare attenzione a motivo di eventi fondativi per la nostra storia. È infatti difficile immaginare come si sarebbe sviluppato il cristianesimo se non avesse trovato qui la sua prima grande espansione. Questa terra, tra le più ricche ed abitate dell'impero romano, con gruppi etnici diversi per cultura, lingue ed espressioni religiose, è stata il trampolino di lancio, il banco di prova a partire dal quale la fede cristiana ha misurato la sua capacità d'inculturarsi in mondi diversi. Qui la Chiesa è divenuta veramente "cattolica", ossia universale, superando la tentazione e - in taluni casi - il pericolo di rimanere un gruppo settario o una comunità gravitante nell'ambito di un giudaismo a sfondo nazionalista. Sintomatico è il fatto che sulle 50 località che alla fine del I secolo dopo Cristo ebbero delle comunità cristiane, 24 appartengono alla zona microasiatica. Verso l'anno 180 dopo Cristo, tra i 101 luoghi entrati a contatto con il cristianesimo dei quali abbiamo notizia, ben 57 si trovavano in Asia Minore e nelle regioni adiacenti. Sulla base di questa constatazione non si può che essere d'accordo con Harnack, quando dichiara che tutti i grandi sviluppi della religione cristiana nel II secolo hanno avuto il loro punto di partenza in Asia Minore.

Un'ulteriore conferma ci proviene constatando come la maggior parte degli scritti del Nuovo Testamento ha visto la luce in questa terra o per comunità cristiane presenti in essa. Ricordo le lettere di Paolo indirizzate a comunità là residenti (Galati, Efesini, Colossesi, Filemone), le lettere che presumibilmente compose ad Efeso (1 Tessalonicesi e 1Corinti), la 1 e 2 a Timoteo.

Ancora in Efeso è possibile ravvisare il background del *corpus Io-anneum*, in particolare del prologo e la stesura definitiva del vangelo oltre alle lettere. Alla stessa area si collega l'Apocalisse, sita nella non lontana isola di Patmos. Né va dimenticato il vangelo di Matteo, vero-similmente composto in una zona d'influenza antiochena, il vangelo di Luca e gli Atti, così attenti nel seguire gli itinerari apostolici di Paolo in Siria ed Asia Minore e, infine, la Prima lettera di Pietro redatta per cristiani residenti in Ponto, Galazia, Cappadocia, Asia e Bitinia.

Due autori di questi scritti neotestamentari, Paolo di Tarso e Luca di Antiochia - originari di questa terra - sono dunque tra i primi testi-moni di una Chiesa che nel corso dei secoli ha prodotto personaggi che hanno improntato l'intero cristianesimo. I manuali di storia della Chiesa abbondano di nomi di vescovi, di scrittori ecclesiastici, di teologi vissuti nell'attuale Turchia. Basti pensare ad Ignazio d'Antiochia, Melitone di Sardi, Ireneo di Lione, originario di Smirne, Metodio d'Olimpo, Gre-gorio il Taumaturgo, Basilio di Cesarea, Gregorio di Nissa e Gregorio di Nazianzo; i grandi teologi della cosiddetta scuola di Antiochia, in par-ticolare Giovanni Crisostomo; gli esponenti più in vista della Chiesa e della teologia siriaca: Afraate ed Efrem il siro e, inoltre, quella enorme schiera di martiri e di santi i cui nomi si leggono quasi ogni giorno nel nostro calendario. Tanto per citarne alcuni, ricordo Policarpo, Babila, Luciano, Nicola, Margherita, Biagio, Cristoforo.

A parte questa schiera di nomi, c'è da chiedersi a che punto sarebbe la nostra comprensione del mistero di Cristo, del Dio trinitario, dello Spirito, della Chiesa, senza la riflessione di questi antichi teologi e ve-scovi, che hanno reso adulto il pensiero cristiano definito nei primi otto concili ecumenici celebrati nell'attuale Turchia. Ancora da qui è partita la prima evangelizzazione diretta nell'Estremo Oriente sino alla Cina e pure l'attività missionaria del cristianesimo bizantino che si è estesa al mondo slavo dell'Europa sino ai Balcani e verso la Russia.

Ad un attento esame, il debito della cultura europea nei confronti di alcuni figli di questa terra è incalcolabile, anche se non conosciuto o sottovalutato, ma è il destino delle radici che danno stabilità a grandi alberi, anche se chi vede, spesso, non se ne rende conto.

Di tutto questo glorioso passato oggi in Turchia è rimasto ben poco. La cultura cristiana, sorta e sviluppatasi qui, s'è trasferita altrove, in al-tre parti del mondo, ma fortunatamente non è morta. Papa Giovanni

XXIII, che visse ad Istanbul 10 anni (dal 1935 al 1944) e fu delegato apostolico e mio predecessore in quanto Vicario apostolico, nel constatare la desolazione di un cristianesimo pressoché scomparso, in un discorso del 1938 dichiarava: «Osservate questa terra di Turchia. Qui fu il teatro dove si svolse la vita movimentata della Chiesa per tante generazioni, qui le diocesi antiche erano numerose come le stelle del cielo. Ora tutto è scomparso: difficile l'identificazione delle località antiche, difficile la stessa precisazione dei nomi. Dunque nei disegni del Signore ciò che è materiale e di natura sua mutevole, non ha importanza. Conviene attaccarci ad esso per il legame che ha con ciò che è più alto, più importante, più sicuro: venerare quindi anche i luoghi devastati così, le memorie monumentali anche se rovine, le reliquie tanto più se insigni, ma non arrestarci a tutto ciò. Il regno di Gesù è tutto a beneficio dell'umanità: ma non è subordinato a ciò che nella stessa religione vera c'è di materiale, di esterno, di transitorio. Gesù di Nazaret ha fissato le linee fondamentali della stessa organizzazione ecclesiastica, ma non ha legato questa a ragioni di località o di circostanze».

Veramente di tutta la presenza cristiana in Turchia, ancora assai numerosa per tutto il periodo ottomano, - si calcola circa il 20% della popolazione agli inizi del '900 - è rimasto ben poco.

Come capire questo mutamento? Si deve anzitutto riandare alla realtà del vasto impero ottomano della fine '800, una realtà multietnica e multiculturale, indebolita all'interno da tensioni separatiste, all'esterno dalla pressione espansionistica delle grandi potenze coloniali e, per giunta, sotto la tutela del gruppo religioso dirigente, facente capo al sultano che era altresì califfo, ossia la massima autorità religiosa.

In questo frangente Mustafa Kemal Atatürk ha giocato un ruolo fondamentale nel dare a questo paese una forte identità nazionale. Eppure occorre rendersi conto che questo processo è avvenuto a carico dei gruppi etnici e religiosi minoritari, cristiani compresi, i quali hanno dovuto rinunciare alla propria cultura, lingua, religione, o - quantomeno - tenerla nascosta. L'impero ottomano s'è trasformato nello Stato turco con grande sacrificio delle minoranze che, per sopravvivere, sono state costrette ad omologarsi alla nuova situazione, secondo il principio: o ti lasci assorbire o scompari.

Il Trattato di Losanna del 1923 tra le grande potenze europee del tempo e la Turchia, in cui si sanciva il diritto all'esistenza delle minoranze, non è stato sempre applicato. Anzi, secondo un'interpretazione arbitraria da parte turca, dei gruppi minoritari presenti allora in Turchia, soltanto quattro sono stati riconosciuti come tali: quello greco-ortodosso, quello bulgaro, quello armeno, quello ebraico. Le comunità cristiane arabofone, quelle degli uniati, quelle siro-ortodosse, caldee, quelle cattoliche latine - pur presenti nel 1923 - non sono state considerate minoranze, nel senso del Trattato di Losanna, e quindi non hanno mai goduto di personalità giuridica. E tutto in nome di un concetto di laicità che se poteva andare bene nel 1923, in una situazione in cui ci si voleva scrollare di dosso l'influenza di un islam vincolante la vita sociale e politica del momento, oggi risulta obsoleto e discriminatorio. In effetti, l'assenza di statuto giuridico della Chiesa e delle Chiese ha avuto come conseguenza una forte restrizione della loro autonomia di gestione negli ambiti non soltanto amministrativo ed economico, ma anche spirituale. Ne è conferma l'impossibilità di aprire un seminario per formare sacerdoti turchi.

Mentre però l'islam turco ha progressivamente riguadagnato terreno in ambito sociale e politico, le Chiese sono rimaste in una situazione di stagnazione per quanto riguarda i loro diritti. Per meglio intendere l'attuale situazione dei cristiani in Turchia, occorre riandare alla fine degli anni Sessanta e focalizzare due fenomeni concomitanti: da un lato la ripresa di vigore da parte di congregazioni o di movimenti islamici (tarikat), giunti anche alla cogestione o addirittura alla gestione del potere politico ("islam politico") in contrasto con l'ideale di "laicità" proposto da Ataturk; dall'altro la realtà di un nazionalismo che, forse più per calcolo politico che per convinzione, si è sposato all'islam sunnita, trasformando i suoi rappresentanti in impiegati statali stipendiati. Questi due orientamenti si sono congiunti rafforzando il binomio che turco sia uguale a musulmano sunnita che già era nell'aria, a scapito delle altre espressioni religiose. Ciò spiega gli attacchi e le intimidazioni che sempre più frequentemente hanno caratterizzato questi ultimi anni, nei confronti soprattutto di sacerdoti cattolici e di ministri protestanti, visti come elementi perturbatori dell'identità nazionale e religiosa del paese.

Ad un esame attento, sembrano colpi di coda di un nazionalismo che, come dimostrano le elezioni dello scorso anno (2007, ndr), va perdendo consenso nella vita sociale e che cerca di ostacolare l'ingresso della Turchia nell'Unione europea presentando l'attuale partito al governo come cripto islamico fondamentalista, e compattando altresì i suoi aderenti con l'idea del nemico da combattere: i missionari cristiani che starebbero invadendo il paese.

Certo, guardando a ritroso, va detto che il cristianesimo latino, in passato - nonostante il bene compiuto a questo Paese attraverso collegi, orfanotrofi, ospizi, scuole dei quali rimane ben poco a motivo delle successive nazionalizzazioni - fu spesso considerato e rimase un elemento estraneo anche in ragione del sostegno che trovò nei primi decenni del '900 da parte delle potenze straniere occupanti (Italia, Francia, Inghilterra, Grecia). Nella memoria storica della Turchia la nascita della nazione si collega perciò sia con la morte dell'impero ottomano, ma anche con la liberazione dagli invasori e ... da quanti essi sostenevano. Va aggiunto che, nel passato, da parte dei missionari non vi fu grande interesse per la nascita di un cristianesimo turco. Lo sbarramento principale era costituito dalla lingua. Chi non conosceva l'italiano o il francese non poteva divenire cristiano. Quando, a partire dal 1936, il delegato apostolico Roncalli introdusse nella liturgia qualche preghiera in turco, dovette far fronte ad una decisa opposizione e persino a denunce arrivate in Vaticano e delle quali dovette dare spiegazione.

Non meraviglia che questa separazione tra l'elemento turco e quello cristiano abbia lasciato sedimentare fenomeni di reciproca diffidenza mantenendo vivi antichi pregiudizi. Mi si permetta ancora di riportare una considerazione del Beato Roncalli che ancor oggi trovo confermata. Nella sua Agenda, all'anno 1936, annotava come fosse necessario vincere i pregiudizi (dei turchi) che innocentemente hanno appreso dall'infanzia sino al punto da «stupirsi che un uomo possa essere buono, mite ed integro anche fuori della religione musulmana», dall'altro si rammaricava che «i cristiani ne dicano così male, dando prova di pochissima penetrazione del Vangelo nelle loro anime». Ancor oggi paghiamo le conseguenze di questa mancata inculturazione.

Ultimamente un sentimento di ostilità nei confronti del cristianesimo è stato alimentato ad opera di certa stampa e dai media a partire dalla guerra in Iraq, dal problema palestinese e dalla presenza di truppe occidentali in Afghanistan. Nel considerare tuttavia lo sviluppo recente del Paese, nutro l'impressione che tale accanimento - come già osservato - sia "reattivo", dal momento che la popolazione turca si sta via via liberando da una lettura endogamica della storia. Un passo significativo è stata l'approvazione della Legge sulle Fondazioni, ossia sui beni che sono stati incamerati dallo Stato. È una legge che, in verità, ci riguarda assai poco, dal momento che non disponendo di personalità giuridica e quindi non esistendo, le Chiese non possono riavere quanto è stato loro tolto. Tuttavia non si può negare una volontà di cambiamento, fatta a piccoli passi per non urtare nazionalisti ed affini. Ancor più significativa è la recente revisione dell'articolo 301 del codice penale turco che persegue penalmente chi lede l'onore della nazione turca. L'articolo era talmente generico da permetterne un'applicazione indiscriminata a seconda dell'orientamento politico dei giudici. Si pensi alla resistenza nel parlare del massacro degli armeni, non già da parte del popolo turco in quanto tale, ma da parte della dirigenza politica del tempo che lo aveva pianificato. Ancor oggi è passibile di condanna al carcere chi in Turchia ne parla. I tentativi di portare alla luce quanto è avvenuto nei primi decenni del '900, se da un lato trovano l'ostilità dei nazionalisti turchi, dall'altro non riescono a contrastare quanti, sempre più numerosi, non accettano più i diktat di una censura e di un potere giudiziario in parte sostenuto da militari e da intellettuali kemalisti o da lobby di potere che, più per interessi che per scelta ideologica, cercano di mantenere lo status quo. La stessa accusa rivolta all'attuale primo ministro ed al presidente della Repubblica d'attentare alla laicità dello Stato ha un carattere che, visto al di fuori del paese, appare pretestuoso.

Veramente la Turchia sta vivendo un particolare momento di passaggio in cui le diverse anime del Paese si confrontano per la supremazia.

A questo punto, cosa è possibile ipotizzare per il cristianesimo di Turchia? Il presente incontro dal tema "Il coraggio della verità" è orientativo. Uno sguardo alla recente storia porta a riconoscere che parecchi cristiani tra quei 20% che costituivano la popolazione totale, a motivo delle discriminazioni e vessazioni sperimentate, hanno scelto - almeno formalmente - di rinunciare alla loro fede omologandosi agli altri musulmani, almeno sui documenti ufficiali. Altri - assai pochi e perlopiù al sud del paese o nei grandi centri - hanno mantenuto la propria identità, ma a volte senza un reale approfondimento. L'hanno conservata nel rispetto della tradizione come si conserva in casa un quadro antico di cui non si apprezza il valore. La si tiene perché fa parte dell'arredamento della casa, ma senza dargli il giusto rilievo, facendone una ragione di vita.

D'altra parte, la situazione d'emarginazione in cui i cristiani sono stati isolati, la loro diminuzione numerica, la scarsità del clero e l'impossibilità di formare le nuove leve, la totale scomparsa della vita monastica hanno portato il cristianesimo ad un vistoso ridimensionamento e alla perdita di visibilità: da alcuni milioni del '900 a qualche decina di migliaia senza alcun peso sociale.

Ultimamente sembra che la situazione stia lentamente mutando. Le tragiche morti di don Andrea Santoro, del giornalista armeno Hrant Dink, dei tre missionari protestanti di Malatia, come pure altri episodi registrati dalla stampa locale e internazionale, hanno portato alla ribalta la realtà di un cristianesimo che in Turchia esiste ancora e reclama pieno diritto di cittadinanza volendo uscire dall'anonimato in cui è stato relegato. In questo impegno ha un suo peso, all'interno del Paese, l'affermarsi di un islam tollerante rispetto alle religioni non islamiche. Inoltre sta avendo un ruolo notevole l'interesse dell'attuale governo di avvicinare il paese all'Europa. La stessa potente spinta che viene dal Vecchio Continente non è priva di effetti per le comunità cristiane di Turchia. Vorrei qui accennare all'interesse con il quale le autorità stanno seguendo la preparazione del bimillenario paolino a Tarso. Se, come mi auguro, ci verrà concessa anche una chiesa a Tarso, - attualmente museo e sarà la prima ad essere concessa dall'inizio della Repubblica turca - questo sarà il segnale che si vuole realizzare una vera democrazia capace di pluralismo.

Non va comunque dimenticato che questo cammino è tutto in salita. Potrebbero confermarlo le numerose difficoltà che noi vescovi ci troviamo spesso ad affrontare. Se, come è avvenuto nei decenni passati, accettassimo come cristiani di non comparire, anzi di scomparire, restando una presenza insignificante nel tessuto del paese, non ci sarebbero difficoltà; ma stiamo rendendoci conto che, come sta avvenendo in Palestina ed in Libano, è una strada senza ritorno, che non fa giustizia alla storia cristiana di questo paese ed alle migliaia di martiri che ci hanno lasciato in eredità la testimonianza del loro sangue.

Nello scrivere una lettera pastorale ai fedeli delle nostre Chiese in occasione dell'anno paolino abbiamo rilevato come parte delle tribolazioni patite dall'apostolo siano avvenute proprio in questa sua terra. Eppure niente lo ha fermato. Lo abbiamo definito l'apostolo dell'identità cristiana, perché s'è strenuamente battuto affinché l'annuncio del vangelo non smarrisse la propria essenza e non si diluisse in forme sincretiste. Questa è stata la sua missione fin dall'inizio, sia nel prendere posizione contro rigurgiti di pensiero giudaizzante che vanificava l'azione salvifica di Cristo, ma pure contro la tentazione di dar vita ad un cristianesimo che non esigeva conversione e che in nome di una decantata libertà non si poneva limiti.

In particolare la riaffermazione della centralità dell'annuncio di Cristo, scandalo e stoltezza per molti - come diceva Paolo - indica il punto di partenza nel dialogo con l'islam. Insomma, un dialogo nella verità che non può ignorare la diversità. A ben vedere, credo che dopo l'affermazione del cristianesimo, che nell'antica Turchia ha avuto la massima espansione, oggi siamo ritornati ad essere un poco come quelle piccole comunità paoline viventi in un mondo dove era difficile fare capire la specificità della propria fede, anche se non ci si deve mai stancare di farlo.

Non so se le poche considerazioni fatte siano riuscite a giustificare la ragione per la quale parlo volentieri della Turchia come della "terra santa della Chiesa", espressione che ho inserito nel titolo di questo intervento. A me pare che tale attributo risponda alla verità storica. Se, infatti, le nostre radici affondano nella terra di Gesù, è pur sempre vero che il tronco va ricercato qui. È bene che chi ancor oggi gode dei frutti di questo albero non lo dimentichi e non ci dimentichi.

Cristiani in Turchia, testimoni silenziosi

Intervento di mons. Luigi Padovese alla seconda Assemblea ecclesiale del Patriarcato di Venezia (domenica 11 ottobre 2009, Basilica di San Marco).

Eminenza, cari fratelli e sorelle, vi ringrazio per l'invito a questo incontro sul senso dell'essere testimoni di Cristo nella nostra società al termine del vostro cammino di riflessione su questo tema.

In questo particolare momento storico di Europa a molti cristiani, presumibilmente per una concezione individuale e intimistica di religione sulla quale si dovrebbe riflettere e nella quale la si vorrebbe relegare, risulta difficile confessare a parole la loro fede. V'è un diffuso timore nel trattare temi religiosi e manca il coraggio di affermare sia in pubblico che in privato la propria fede, spesso per scarsa formazione. Il che ci ricorda come sia necessaria una nuova grammatica della fede che significa anzitutto chiarire a se stessi perché e come essere cristiani, e poi chiarirlo e mostrarlo a chi non lo è. Penso che anche alla nostra realtà italiana si possa applicare quanto scriveva tempo fa il Vescovo di Erfurt in Germania: «Alla nostra chiesa cattolica (in Germania) manca qualcosa. Non è il denaro. Non sono i credenti. Alla nostra Chiesa cattolica (in Germania) manca la convinzione di poter guadagnare nuovi cristiani... e quando si parla di missione v'è l'idea che essa sia qualcosa per l'Africa o l'Asia, ma non per Amburgo, Monaco, Lipsia o Berlino».

Particolarmente oggi, in epoca di pluralismo, va ravvivata la consapevolezza che la testimonianza fonda e precede l'annuncio, anzi è il primo annuncio. È sempre vero che il primo passo nel diventare cristiani si fonda nell'incontro di uomini che vivono da cristiani convinti. Ci conforta in questa convinzione il metodo missionario che Francesco d'Assisi consigliava ai suoi frati «che non facciano liti e dispute... e confessino d'essere cristiani». È in sintonia con questo modo di sentire quanto leggiamo nell'*Evangelii nuntiandi* dove si parla della testimonianza senza parole che suscita domande in quanti vedono. Già questa - leggiamo - «è una proclamazione silenziosa ma molto forte ed efficace della buona novella ... un gesto iniziale di evangelizzazione».

Questo modo di essere testimoni silenziosi è stato quello scelto da don Andrea Santoro, il mio sacerdote ucciso il 5 febbraio 2006 a Trebisonda. Quando la mattina successiva all'assassinio mi sono recato all'obitorio per vedere il cadavere, la prima impressione, del tutto spontanea, è stata la somiglianza tra il corpo nudo di don Andrea con il capo riverso e il segno del foro al fianco e l'immagine di Cristo morto del Mantegna. Non abbiamo mai saputo che cosa ha indotto il giovane assassino a questo atto di violenza. Dal processo è emersa la sua colpevolezza, ma delle connessioni, delle influenze, del clima di odio che ha determinato l'assassinio nulla sappiamo e, credo, non lo sapremo mai.

Don Andrea era venuto in Turchia affascinato da questa terra, dal suo passato, dal desiderio di essere un ponte tra islam e cristianesimo, ma pure tra Oriente ed Occidente. La piccola rivista che aveva creato con amici di Roma portava il titolo "Finestra sull'Oriente". Ora questa finestra - grazie al suo martirio - s'è spalancata, e attraverso di essa la nostra situazione, prima conosciuta a pochi, ora è divenuta nota a molti. Con il sacrificio della sua vita don Andrea ha fatto veramente da ponte attraverso una testimonianza fatta di non molte parole, ma di una vita semplice, vissuta con fede.

Nella mail che m'ha inviato il 1° ottobre 2005, scriveva: «Abbiamo ripreso la nostra vita regolare, fatta di studio, di preghiera, di accoglienza, di cura del piccolo gregge, di apertura al mondo che ci circonda, di tessitura di piccoli legami, a volte facili, a volte difficili. Il Signore è la nostra fiducia, nonostante i nostri limiti e la nostra piccolezza. Io sono qui finché mi pare di poter essere utile e finché le circostanze lo consentono. Il Signore mostrerà le sue vie».

Tre mesi dopo questa sua testimonianza, fatta nel piccolo, è emersa agli occhi di tutta la Chiesa mettendo in luce la nostra realtà cristiana di Turchia. Veramente si tratta ormai di ben poca cosa. (...)

Vorrei qui accennare all'interesse mostrato dalle autorità per le celebrazioni a Tarso dell'anno paolino. Eppure anche a questo riguardo la richiesta rivolta da più parti al governo turco di poter utilizzare la chiesa/museo di Tarso precedentemente confiscata dallo Stato come luogo permanente di culto, sta ancora attendendo una risposta. Se, come mi auguro, ci verrà concessa questa chiesa questo sarà per me il segnale che la Turchia non soltanto a parole, ma anche nei fatti, si sta aprendo ad un clima di libertà religiosa. Non va comunque dimenticato che questo cammino è tutto in salita. Potrebbero confermarlo le numerose difficoltà che noi vescovi ci troviamo spesso ad affrontare. Penso anzitutto all'impossibilità di formare sacerdoti turchi che garantiscano un futuro a questa Chiesa per l'impossibilità di aprire seminari. E se noi cristiani latini che in Turchia come Chiesa non esistiamo possiamo sopperire a questo impedimento con personale che viene dall'estero, la cosa è più grave per le Chiese etnico religiose riconosciute dallo Stato i cui vescovi e preti devono essere cittadini turchi. Ma se queste Chiese non possono aprire seminari, quale futuro le attende se non una lenta, progressiva, estinzione? Un processo che si terrà nei prossimi mesi contro il metropolita siro ortodosso di Mor Gabriel riguarda proprio il fatto di avere tenuto nel suo monastero alcuni giovani seminaristi. (...)

Due settimane fa a Roma abbiamo avuto il primo incontro di preparazione del prossimo Sinodo delle Chiese orientali che si terrà dal 10 al 24 ottobre 2010. Attraverso la voce dei diversi patriarchi è stato toccante sentire quante difficoltà i cristiani d'Egitto, della Palestina, d'Israele, dell'Iran, dell'Iraq, della Turchia stanno ancora sperimentando. Viviamo per buona parte in un clima di discriminazioni che sta determinando la riduzione numerica dei cristiani da questi paesi se non addirittura la loro scomparsa. A noi il Papa ha proposto come tema del Sinodo "Comunione e testimonianza. Erano un cuor solo ed un'anima sola". In altre parole: essere uniti per essere testimoni. La scelta di questo tema non riguarda soltanto le nostre Chiese di Oriente che vivono in una situazione minoritaria e di confronto con il mondo islamico, ma si può applicare anche alle Chiese di Europa messe a confronto con una società pluralistica e dove è anche dalla comunione dei cristiani tra di loro che deve nascere la loro testimonianza. Come è stato osservato la Chiesa non ha una missione, non fa missione, ma è missione. E dunque va capita da essa. Se vuol rimanere Chiesa di Cristo deve uscire da sé. In quanto - come dice il Concilio Vaticano II - è «sacramento universale di salvezza», essa è ordinata al Regno, è al suo servizio, esiste per proclamare il vangelo, e non soltanto oggi come misura d'emergenza in tempo di crisi, ma come costitutiva del suo essere. E il senso di tale impegno è di far sì che un'esperienza divenuta messaggio torni ad essere esperienza.

Noi parliamo di ciò che «abbiamo visto ed udito», dichiara Giovanni (1 Gv 1,3). La missione dunque è testimonianza resa all'amore di Gesù Cristo e al volto di Dio da lui rivelato. Da questo punto di vista essa non ha perso nulla della sua urgenza anche se s'impone un nuovo stile di missione meno ecclesiocentrico e meno interessato, come se Chiesa terrena e Regno di Dio coincidessero perfettamente. Si tratta di portare gli uomini a scoprire liberamente che il cammino di fede alla sequela di Gesù arricchisce la vita: va restituito al vangelo il carattere di vangelo, cioè di notizia che dà gioia, trasmettendo la visione che Gesù aveva del Regno, ma pronti a raccogliere anche delusioni. Ma non può essere altrimenti poiché la fede, in quanto espressione congiunta della grazia di Dio e della libera adesione umana, non si può imporre ma soltanto proporre. Ed è qui che il ruolo della testimonianza diventa fondamentale anche perché, come diceva un Padre della Chiesa, «gli uomini si fidano più dei loro occhi che delle loro orecchie».

Nello scrivere una lettera pastorale ai fedeli delle nostre Chiese in occasione dell'anno paolino noi vescovi di Turchia abbiamo rilevato come le difficoltà che Paolo ha sperimentato nell'annuncio del Vangelo non lo hanno frenato. Egli le ha intese piuttosto come il proprio contributo personale perché il Vangelo portasse effetto. Annunciare Gesù Cristo per l'Apostolo è stata una necessità che nasceva dall'amore per Lui. Ciò significa che chi incontra Cristo non può fare a meno di annunciarlo, sia con la vita che con le parole. L'apostolo che ha sperimentato la difficoltà di questo annuncio, anche da parte dei fratelli di fede, ci ricorda come quello che conta è che Cristo «venga annunciato» (Fil 1,8), ma ci richiama pure alla nostra comune responsabilità nei confronti di quanti non sono cristiani. (...)

Egli - oggi come allora - ci ricorda che «cristiani non si nasce, ma si diventa» e ci richiama ad una realtà di Chiesa intesa anzitutto come il "noi" dei cristiani e non una realtà soprapersonale, un'istituzione in cui trovare mezzi di salvezza. Essa è solidarietà, scambio, comunicazione dall'uno all'altro, comunione fraterna, unanimità che prega, ambiente di conversione, partecipazione alla croce, comunità di testimoni. Questa è la prima testimonianza da offrire. «In essa - scriveva Metodio d'Olimpo - i migliori portano i mediocri e i santi i peccatori. Quanto a quelli che sono ancora imperfetti, che cominciano appena negli insegnamenti della salvezza, sono i più perfetti che li formano e li partoriscono, come attraverso una maternità». V'è dunque un servizio "materno" della comunità cristiana e propriamente dei laici. Occorre prenderne sempre più coscienza e mi auguro che le mie poche riflessioni possano servire anche a questo.

La Via Crucis dei cristiani in Turchia

I sei anni di intenso lavoro di mons. Padovese per la Chiesa di Turchia sono stati segnati indelebilmente dalla croce e dal martirio. Accanto ai segnali di apertura e speranza che lo stesso Vescovo non lesinava di mettere in evidenza, non sono mancate le prove, le minacce e le violenze. Un destino che ha accomunato i cristiani delle varie confessioni in una lunga Via Crucis, culminata proprio nell'assassinio del Vicario apostolico dell'Anatolia.

L'impressionante sequenza inizia appunto il 5 febbraio 2006, con l'uccisione a Trabzon (Trebisonda, sul Mar Nero) del fidei donum romano don Andrea Santoro, 60 anni. Pochi giorni dopo, il 9 febbraio, il francescano sloveno Martin Kmetec viene aggredito da un gruppo di giovani al grido di «Vi faremo morire tutti» nella sua parrocchia a Smirne. L'11 marzo successivo, un uomo armato di coltello entra nella parrocchia di Mersin. Qui minaccia di morte il cappuccino italiano padre Roberto Ferrari. Il 3 luglio tocca a un prete francese di 70 anni, padre Pierre Brunissen, che è ferito a coltellate da un presunto schizofrenico in una strada di Samsun.

Il 2007 inizia nel peggiore dei modi, con l'uccisione a Istanbul, il 19 gennaio, del giornalista armeno Hrant Dink, che con la sua opera intende aprire all'interno dell'opinione pubblica turca un serio dibattito sul riconoscimento del genocidio dei cristiani armeni. Il 18 aprile il missionario tedesco Tilmann Geske, 46 anni, e due convertiti turchi (Necati Aydin e Ugur Yuksel), tutti cristiani evangelici, vengono sgozzati nella sede della casa editrice Zirve a Malata. La loro colpa? Quella di stampare Bibbie in lingua turca. Secondo le indagini, gli assassini sono militanti ultra-nazionalisti. A settembre una canzone cantata dal popolare cantante turco Ismail Turut e scritta da Ozan Arif, il "vate" degli ultranazionalisti, testimonia quel clima anticristiano che più volte mons. Padovese aveva denunciato. «Smettete di suonare le campane», dice la canzone. E nel videoclip compaiono il volto di don Andrea Santoro e il corpo riverso a terra di Hrant Dink, il giornalista armeno assassinato all'inizio dello stesso anno. A novembre, senza alcun preavviso, viene ordinata la demolizione della cappella del XVII secolo dedicata alla Trasfigurazione del Signore situata di fronte alla Scuola Teologica di Halki. Solo le proteste immediate del priore e del metropolita Meliton permettono che l'edificio non venga completamente distrutto. Il 16 dicembre padre Adriano Franchini, cappuccino di 65 anni, da 27 in Turchia, è aggredito da un giovane che viene dichiarato psicolabile. Il giorno di San Silvestro un ventenne cerca di incendiare la chiesa protestante di San Paolo ad Antalya e di uccidere il pastore Ramazan Arkan. La polizia riesce però a intervenire in tempo.

Nel luglio 2008 a Trabzon scoppiano le polemiche per un centro commerciale la cui struttura comprende un faro vagamente a forma di croce. Ad agosto alcuni leader musulmani intentano un processo contro il monastero di Mor Gabriel, accusando i monaci di proselitismo e sostenendo, in maniera mendace, che il monastero sarebbe stato costruito sulle rovine di un'antica moschea

Nel settembre 2009 a Istanbul vengono profanate una novantina di tombe in un cimitero ortodosso. La stampa locale ignora l'episodio. A dicembre scoppia il "caso Ortakoy": si scopre che la sede del Segretariato per l'ingresso della Turchia nell'Unione europea si trova in un edificio sequestrato alla comunità cristiana ortodossa negli anni Novanta. L'edificio, prima della confisca, era adibito a scuola elementare per i ragazzi della comunità ortodossa di Ortakoy. Decisamente un brutto viatico per un Paese che ambisce all'Europa. L'imbarazzo è palpabile nel governo di Erdogan.

Giovedì 3 giugno 2010 mons. Luigi Padovese, Vicario apostolico della Turchia, viene assassinato a Iskenderun dal suo autista, reo confesso.

Non abbiate paura!

Omelia pronunciata da mons. Ruggero Franceschini, Arcivescovo Metropolita di Smirne, ai funerali di mons. Luigi Padovese (Iskenderun, 7 giugno 2010).

La tragica notizia della morte violenta di mons. Luigi Padovese ci ha lasciati sgomenti, incapaci di capire come potesse essere accaduta una cosa così orribile, soprattutto nei confronti di un Uomo di Chiesa, un Vescovo molto amico dei Turchi e della Turchia.

Questa terra si conferma così, ancora una volta, luogo di martirio anche per chi la amava tanto.

Il Vescovo Luigi Padovese è stato definito "una persona perbene", e tale era in realtà.

Profondamente impegnato negli studi riguardanti la prima Chiesa, in particolare il periodo patristico; conosceva perfettamente ed amava con passione questi luoghi, dove la Chiesa ha mosso i primi passi, celebrato i primi concili, e dove si è data una prima determinante struttura teologica.

Ben più della terra amava questo popolo.

In spirito di collaborazione con le autorità locali; ancora il giorno prima di morire si era incontrato con loro per parlare delle minoranze religiose (di nazionalità turca) e trovare modi di collaborazione per il bene comune.

La memoria di p. Luigi non avrebbe bisogno di essere esaltata con un elenco di opere buone; ma per amore di verità e di giustizia, ci piace ricordare alla Chiesa di Turchia e agli amici non cristiani alcune delle cose che ha potuto operare, nell'ambito della carità e della cultura, nel breve periodo del suo ministero come Vescovo in Anatolia. Dalle cose più semplici fino all'impegnativa organizzazione dei Simposi, degli incontri e dei convegni di studio.

Tra le cose più significative:

- la condivisione del cibo con gli amici musulmani durante le reciproche feste;

- la creazione di un servizio di distribuzione a domicilio di generi alimentari ad oltre 70 famiglie in difficoltà (di cui una sola cristiana);

- il personale stesso della casa del Vescovo (oltre 10 lavoratori) è composto in maggioranza da persone di religione islamica;

- la simpatia verso la cultura islamica confermata anche dagli ottimi rapporti con il müftü di Iskenderun;

- delle buone relazioni con le autorità civili è quasi superfluo parlare, basta vederle qui oggi, amici tra amici, a condividere lo stesso dolore;

- a tutti era nota la sua profonda amicizia con sua santità il Patriarca Bartolomeo e tutti i fratelli ortodossi, oggi qui rappresentati dai loro pastori.

Un ringraziamento particolare e sincero al metropolita siriaco di Adyaman mons. Gregorios Melki Ürek.

E ancora.

La carità del Vescovo Luigi si allargava al mondo della sofferenza, negli eventi straordinari come nella vita quotidiana.

Ricordiamo:

- gli aiuti profusi alla popolazione durante le alluvioni qui a Iskenderun e a Batman;

- l'aiuto costante e generoso alle persone colpite dalla malattia;

- il contributo determinante per la canalizzazione dell'acqua in alcuni villaggi isolati.

E ancora potrei continuare. Voglio solo aggiungere che tutto questo mons. Luigi l'ha fatto senza aspettarsi nulla in cambio, nessun tornaconto, nessun rientro di immagine, nessuna propaganda religiosa, solo carità cristiana, così come insegna il Vangelo.

Detto questo, l'aspetto più noto di mons. Padovese era senz'altro quello dello studioso. Difficile ricordare qui tutti i titoli e gli incarichi accademici, addirittura impossibile elencare le pubblicazioni scientifiche, basti menzionare le preziose guide per i pellegrini cristiani in Turchia e naturalmente gli studi sulla teologia dei padri della Chiesa vissuti in questa terra.

Un capitolo a parte meriterebbero i Simposi Culturali, organizzati ad altissimo livello a Iskenderun, Antakya, Tarso ed Efeso, fin dal 1990; l'ultimo è stato sospeso proprio per la sua morte.

Questo, cari fratelli, il Vescovo che il Signore ci aveva donato, questo l'amico che tutti abbiamo perso.

A noi cristiani, in modo particolare, questa sua morte ricorda come la fedeltà al Vangelo, in certe situazioni, possa essere pagata con il sangue.

In una delle sue ultime lettere a voi, cristiani di questo Vicariato Apostolico, mons. Luigi scriveva: «vivere con voi e in mezzo a voi per me è stata una grazia»; purtroppo non ha avuto la possibilità di vivere in questa terra tanto a lungo quanto me.

Lui conosceva bene i Padri di questa Chiesa; io, in tutta umiltà, posso dire di aver conosciuto e amato i figli di questa Chiesa e di questa terra; e da Padre, fratello e amico, pieno di dolore ma con forza, ricordando il venerato Santo Padre Giovanni Paolo II, dico a voi, a tutti voi: non abbiate paura!

Non perdetevi di coraggio, siate lieti, come gli Apostoli, di vivere nella sofferenza e nella prova, senza venir meno alla vostra fede, che è il motivo della nostra speranza, che è il fondamento della nostra gioia.

Sì, cari fratelli, gioia!

Perché nessuno riuscirà a spegnere questa fiaccola, poiché essa è sostenuta non solo dai tanti martiri e santi di questi luoghi, dalla Vergine Santissima patrona di questa comunità, ma da oggi, ne sono certo, da un angelo in più presso il trono di Dio: il vostro, il nostro Vescovo Luigi.

Auguriamo a lui, frate di san Francesco, sacerdote del Dio altissimo e Vescovo della Santa Chiesa, di riposare in pace accanto al suo Signore.

Con lui, anche noi qui continueremo a pregare perché su questo Medio Oriente il cielo torni ad essere più sereno, e i cuori ritrovino la strada della pace, per una coesistenza armoniosa nella collaborazione per il bene comune.

Prima di concludere questo mio saluto di commiato a mons. Luigi Padovese vorrei ringraziare tutti coloro che in questi giorni hanno voluto manifestarci la loro vicinanza.

In primis, naturalmente, il Santo Padre Benedetto XVI, di cui ascolteremo il messaggio affidato a S.E. mons. Antonio Lucibello, Nunzio Apostolico in Turchia.

Il giorno stesso dell'uccisione di mons. Padovese, nella sua terra d'origine, a Milano, durante la messa del Corpus Domini, S.E. il Cardinale Dionigi Tettamanzi concludeva la celebrazione con una splendida preghiera.

Voglio condividere con voi un brano particolarmente toccante:

Signore Gesù,
Figlio dell'Eterno e Figlio dell'Uomo,
non smettere mai di invitare anche noi e di accoglierci
a questo stupendo banchetto di amicizia,
perché la nostra vita di ogni giorno,
le incombenze del ministero,
le parole da dire,

i servizi da offrire,
e anche i tratti opachi della nostra umanità
siano porta e non muro
per i nostri fratelli:
porta che li introduca all'incontro con te,
e alla bellezza del tuo mistero,
e non muro che ti nasconda e ti allontani dalla loro vista.

"Porta e non muro" è stata la vita di mons. Padovese,
spesso sotto scorta eppure così libera
di annunciare il Vangelo in terra arida;
"porta e non muro" la Chiesa che egli ha voluto,
piccolo gregge aperto all'amicizia delle genti;
"porta e non muro" per accogliere fino alla fine,
come te Signore Gesù,
le lacerazioni che abitano il cuore dei popoli e degli uomini,
anche di colui che ha follemente levato la sua mano
e per il quale egli continua ad essere "fratello" e "padre".

Invito voi, cari fratelli e sorelle, suoi più stretti collaboratori in questo Vicariato Apostolico, invito tutta la Chiesa di Turchia e tutti gli uomini e le donne di buona volontà a credere con tutte le forze a questo sogno di pace, che potremo realizzare solo col perdono vicendevole, con la preghiera e col sacrificio.

Che padre Luigi ci aiuti e ci protegga dal cielo!

Amen!

mons. Ruggero Franceschini,
Arcivescovo Metropolita di Smirne

Chicco di grano per la speranza di una Chiesa

Omelia pronunciata dal cardinale Dionigi Tettamanzi, Arcivescovo di Milano, in occasione delle esequie di S.E. mons. Luigi Padovese (Milano, Duomo, 14 giugno 2010).

Siamo onorati di accogliere nel grembo della nostra Chiesa ambrosiana, per l'ultima volta, il corpo di mons. Luigi Padovese, questo figlio della nostra terra e della nostra Chiesa che, per chiamata di Cristo, è divenuto figlio e padre della Chiesa di Turchia.

Ora, raccolti attorno alle sue spoglie mortali, abbiamo ascoltato con commozione tutta particolare le parole di Gesù che fra poco rivivremo nel rito eucaristico: «Questo è il mio corpo che è dato per voi! Questa è la nuova alleanza nel mio sangue che viene versato per voi!» (Lc 22,19s). In queste parole c'è tutta la potenza dell'amore di Cristo che ha stretto con noi un'alleanza perenne nel suo sangue.

Così le commentava padre Luigi: «L'alleanza nel sangue di Cristo è del tutto diversa dai riti antichi. La vita non viene più dalla morte e dal sacrificio di altri, ma piuttosto nell'offerta di sé, dalla morte di sé per la vita di altri. È la fine della violenza! È una offerta volontaria! E al principio della selezione, proprio degli uomini, subentra il principio di solidarietà» (20 ottobre 2009). Queste parole di Gesù sono la vita quotidiana di ogni sacerdote; ma ascoltandole oggi risuonano di intensità straordinaria e diventano come un potente fascio di luce che illumina tutta la vita di mons. Padovese.

"Vero discepolo di Cristo": anche il Vescovo Luigi ha dato il suo corpo e ha stretto un'alleanza nel suo sangue, offrendo tutto se stesso per l'annuncio del Vangelo e per la vita di coloro che gli erano stati affidati.

Nell'esistenza di questo nostro fratello e padre si è realizzata la parola di Gesù che ha paragonato la vittoria della sua Pasqua al mistero del seme che porta frutto nel suo morire: «Se il chicco di grano caduto in terra non muore, rimane solo; se invece muore produce molto frutto» (Gv 12,24).

Chicco di grano caduto in terra è stata la vita di padre Luigi, che ha accolto come una chiamata della Provvidenza di Dio il suo ministero di Vescovo di Anatolia. In questa terra turca, che aveva tanto studiato, mons. Padovese ha voluto inserirsi e lasciarsi macerare, amando questo nobile popolo.

Chicco di grano si è fatto padre Luigi diventando guida della Chiesa di Anatolia, una Chiesa di minoranza, spesso sofferente e provata. Nella lettera pastorale del 2007 mons. Padovese scriveva alla sua Chiesa: «Posso dirvi che sono felice di essere con voi e ringrazio Dio del privilegio di fare parte della nostra chiesa di Anatolia. Le difficoltà che ho sperimentato erano forse una prova per vedere se veramente amo questa nostra comunità» (*Siamo successori di Paolo e dei primi cristiani*, 2).

Chicco di grano, che silenziosamente porta frutto, è stato padre Luigi nei suoi incessanti sforzi di costruire spazi di dialogo e di incontro tra culture, tra religioni, tra gli stessi cristiani. Ogni uomo di buona volontà riconosce in questo Vescovo mite e sapiente un vero costruttore di riconciliazione e di pace, a partire dal rispetto reciproco e dall'accoglienza fraterna.

Chicco di grano, infine, padre Luigi lo è stato in quell'ultimo drammatico istante della sua vita, mentre era accanto a un fratello che considerava amico e figlio. Il suo corpo e il suo sangue sono davvero caduti sulla terra di Turchia e, pur nel dolore e nelle lacrime, ci appaiono per quello che sono davvero: non più segni di una vita strappata da violenza insensata e tragica, ma offerta viva di sé che padre Luigi ha vissuto in ogni giorno della sua missione di Vescovo, di amico della pace, di fratello di ogni uomo per amore di Cristo Signore.

Cari fratelli, questo chicco di grano caduto sulla terra porta e porterà molto frutto! Il corpo dato e il sangue versato, in virtù della Pasqua di Cristo, non sono sacrificio vano, ma sono un rinnovarsi dell'Alleanza e un progresso nel cammino incontro al Regno di Dio che viene.

Un ultimo pensiero voglio rivolgere in modo particolare ai fratelli della Chiesa di Turchia così duramente provati dall'uccisione del loro Vescovo. Da oggi la Chiesa di Milano si sente legata a voi in modo ancora più profondo e particolare. Già l'amore di padre Luigi per voi e la sua passione per la Chiesa di Anatolia ci avevano coinvolti nella vostra storia di fede e nel vostro arduo e coraggioso cammino: ora il suo sacrificio ci unisce più intimamente. Vogliamo raccogliere il grido, o meglio il lamento, che si leva da voi e dalla vostra terra. Vogliamo, come Chiesa ambrosiana, insieme a tutte le comunità cristiane, accogliere e affrontare la sfida di essere sempre più coscienti della nostra identità cristiana e di saper offrire, senza alcuna paura, sempre e dappertutto, la testimonianza di una vita autenticamente evangelica:

amando Cristo e ogni uomo "sino alla fine". Siamo grati a Dio per la speranza che voi, suo piccolo gregge, comunicate a tutti noi che troppo spesso dimentichiamo il "martirio" quotidiano della vostra fede e della vostra vita. La speranza è il primo frutto che fiorisce dal chicco di grano morto nella terra; perché la speranza è la vita del Risorto in noi. La speranza è il riverbero di quella esplosione di luce che, il mattino di Pasqua con la risurrezione di Cristo, ha rinnovato la terra. La speranza ha guidato ogni giorno il vescovo Luigi. La speranza è la parola di vita che possiamo riascoltare da lui, come l'estremo e definitivo messaggio che ci viene dal suo corpo dato e dal suo sangue versato su quel piccolo lembo di terra turca:

«Ora voglio invitarvi a guardare in alto e a vincere la tristezza e lo scoraggiamento, dal momento che la nostra speranza cristiana è più forte di ogni certezza, perché fondata su Cristo, morto e risorto per noi. Voglio tuttavia aggiungere che questa speranza va nutrita ed alimentata vivendo nelle nostre comunità, perché è una virtù che cresce per contatto. È nella Chiesa e attraverso la Chiesa che impariamo a sperare. Sono i nostri fratelli e sorelle - quelli già in paradiso ma anche quelli che vivono con noi - ad aiutarci a sperare. Cristo si serve di loro, di tutti loro, anche di quelli che con il loro comportamento cattivo servono non a darci la speranza, ma a provare la sua solidità» (Lettera pastorale 2006-07, *Siate sempre pronti a testimoniare la speranza che è in voi*).

Vescovo Luigi, fratello nostro, Angelo della tua Chiesa, insegnaci a sperare! Amen.

+ Dionigi card. Tettamanzi
Arcivescovo di Milano

A tutti i miei frati in ricordo del caro confratello

Lettera di cordoglio rivolta ai frati cappuccini della Lombardia da parte del Ministro Generale.

Cari frati,

di ritorno a Roma, dopo aver partecipato ai funerali di mons. Luigi Padovese, ancora sgomento per l'efferato gesto compiuto contro la sua persona, vi scrivo per dirvi una parola di grazie e per darvi una parola di coraggio. Un grazie per aver donato Luigi al servizio dell'Ordine, possiamo dire per quasi tutta la sua vita cappuccina: professore e preside dell'Istituto di Spiritualità Francescana, Prefetto e Vicerettore del Collegio Internazionale San Lorenzo da Brindisi. Una vita trascorsa a Roma prima di essere donato come Pastore e Vescovo alla piccola comunità cristiana di Iskenderun, Vicario Apostolico di Anatolia, divenendo un uomo di frontiera e di dialogo. Uomo di quella "pazienza del bene" come il Santo Padre Benedetto XVI ha sottolineato nel suo recente viaggio a Cipro. "Porta e non muro", così ha ripetuto più volte il Card. Dionigi Tettamanzi al primo annuncio della notizia della sua uccisione la sera della festa del Corpus Domini. "Porta e non muro" al di là delle difficoltà di dialogo, teso all'amicizia, qualità che gli era facile per la sua mitezza e semplicità nelle relazioni. "Porta e non muro" era il metodo educativo che aveva scelto per il suo piccolo gregge. "Non temere" era però la parola evangelica che più doveva essere penetrata nel suo cuore, andando per prendere una nuova casa nella sua Turchia, che ben conosceva non solo dai Padri apostolici, ma dalla grande esperienza e per averla conosciuta e frequentata ormai da moltissimi anni. Era ormai la sua terra, la terra che l'obbedienza alla misericordia del Padre gli aveva affidato perché fosse da lui custodita e nella quale continuasse a risuonare l'annuncio del Cristo Crocifisso e Risorto. La terra di Turchia, Terra Santa della Chiesa, terra degli apostoli Giovanni, Paolo, Pietro che ha visto il martirio di molti cristiani, oggi annovera anche il nostro fratello Luigi, testimone nel sangue di Cristo. Lucidamente scriveva in una delle sue lettere pastorali: «Tra tutti i paesi di antica tradizione cristiana, nessuno ha avuto tanti martiri come la Turchia. La terra che calpestiamo è stata lavata con il sangue di tanti martiri che hanno scelto di morire per Cristo anziché rinnegarlo».

Certamente Luigi era persona amabile, mite, capace di intessere

Certamente Luigi era persona amabile, mite, capace di intessere relazioni, buono. Era facile stare con lui. Lo ricordiamo fratello, capace di servizio, disponibile, vero pastore buono. Mai avremmo pensato per lui un modo così violento ed efferato di morire. Dunque è vero quello che ci fa dire il Prefazio quando celebriamo la memoria di un martire: «O Padre che riveli nei deboli la tua potenza e doni agli inermi la forza del martirio per Cristo Nostro Signore».

Pensando al nostro fratello Luigi, non possiamo non essere tristi, non possiamo non avere sentimenti di riconoscenza, ma allo stesso tempo non possiamo che essere lieti di pensare che il chicco di grano che caduto in terra muore, sta già producendo nuovi frutti abbondanti nella misteriosa azione che fluisce dalla vita dello Spirito Santo, oggi nuovamente effuso.

La sua unione al sacrificio di Cristo ci aiuti e ci spinga a essere realmente luce nel mondo e sale della terra per contribuire alla trasformazione della società secondo i valori evangelici e alla costruzione della civiltà dell'amore.

A tutti i frati dell'amata Provincia di Lombardia, il mio grazie dal profondo del cuore. Il Signore vi benedica, vi mostri il suo volto e vi guidi nei passi del bene.

fra Mauro Jöhri
Ministro Generale

Indice

A questo volumetto trovate allegato un dvd ugualmente intitolato *Come chicco di grano*, realizzato da Paolo Damosso per la casa di produzione televisiva cappuccina di Torino Nova-T.

Il contributo filmato allegato a questo volumetto vuole donare allo spettatore la possibilità di conoscere la figura di mons. Luigi Padovese, attraverso le immagini. Ricordi visivi che fissano momenti importanti della sua vita, intrecciati a svariate testimonianze di chi ha vissuto al suo fianco e lo ha conosciuto particolarmente bene.

Non mancano le immagini dei suoi funerali, celebrati nel Duomo di Milano dal cardinale Tettamanzi, di fronte a tanti suoi confratelli cappuccini e a molte persone unite dalla testimonianza del suo martirio.

Il protagonista autentico di questo lavoro, in tutta la sua vitalità, è lui, mons. Padovese, a partire dalla colonna sonora. La sua voce, coltivata con tanta passione, lo ha portato ad incidere dei brani, che attraversano la storia della musica. Un canto non solo intonato, ma anche pieno di uno spirito che comunica grande emozione a commento di tutte le immagini scelte per l'occasione.

Così come sono più che mai significativi alcuni stralci delle sue più recenti interviste.

Parole sempre illuminanti, dette con la dolcezza, la pacatezza e l'ispirazione che caratterizzano tutto il suo percorso di vita.

Nonostante la "missione di frontiera" con tutti i problemi che ne conseguono, non c'è mai una nota polemica o di pessimismo. Viceversa, il suo è un messaggio umile di un uomo che ama, senza condizioni, senza preconcetti, la comunità in cui è inserito, con un unico punto di riferimento: il Vangelo. Tutti coloro che lo hanno conosciuto testimoniano la forza disarmante di un cristiano coerente, di un figlio di San Francesco che crede nel dialogo e mai nello scontro.

Anche il suo estremo sacrificio è logica conseguenza di un Amore totale nei confronti del suo prossimo, nel nome di una fede in dialogo. Ogni giorno! Mi auguro che queste immagini possano contribuire a far capire che mons. Luigi Padovese, oltre ad essere un autorevole uomo di Chiesa, un eccellente professore e un fine intellettuale, ha sempre conservato una semplicità che non può lasciare indifferenti. Un uomo buono, a partire dal suo modo di porsi e di parlare.

Un uomo al servizio della sua Chiesa, della sua comunità e del popolo turco, senza risparmio, fino al dono totale della vita.

Paolo Damosso

Il giorno della Cresima con la mamma
Maria davanti alla parrocchia
della SS. Trinità a Milano.

Durante il noviziato ad Assisi
(fra Luigi è il primo da destra).

La prima Messa (16 giugno 1973).

Giovane sacerdote durante un viaggio di studio.

Durante gli studi in Germania con una coppia di giovani sposi.

Dopo la nomina a Vicario apostolico dell'Anatolia,
l'ingresso nella cattedrale di Iskenderun, 7 novembre 2004.

Iskenderun, 7 novembre 2004, presa di possesso del Vicariato. Nella foto si riconoscono,
alla destra di mons. Padovese, padre Domenico Bertogli, monsignor Ruggero Franceschini, arcivescovo di Smirne e la missionaria laica Maria Grazia Zambon.

Santa Corinna (Binasco, Milano), monsignor Padovese presiede la celebrazione
eucaristica durante la festa missionaria dei cappuccini di Lombardia (giugno 2005).

Con il Santo Padre Benedetto XVI.

Clusone (Bergamo) 2007,
festa per le ordinazioni sacerdotali
cappuccine.

In alto e sotto: celebrazioni ecumeniche in occasione dell'Anno Paolino.

Trabzon (Trebisonda), primo anniversario dell'assassinio di don Andrea Santoro.
Alla destra di monsignor Padovese (secondo da destra), il cardinale Camillo Ruini.

Iskenderun, con i bambini della parrocchia frequentata da cristiani
di vari riti e confessioni.

Con il cardinale arcivescovo di Milano Dionigi Tettamanzi pellegrino
in Turchia con un centinaio di giovani sacerdoti milanesi (aprile 2008).

Quattro chiacchiere con il confratello fra Pasquale Rota,
del Centro di spiritualità dell'ordine cappuccino a Gerusalemme.

Iskenderun, con i bambini della parrocchia cattolica, che per venticinque anni è stata la più grande missione cappuccina della regione.